Mara-Lise Owen

Creepy Kids: Adaptações de Stephen King e técnicas cinematográficas

Mara-Lise Owen

Creepy Kids: Adaptações de Stephen King e técnicas cinematográficas

ScienciaScripts

Imprint

Cover image: www.ingimage.com

This book is a translation from the original published under ISBN 978-3-659-90357-1.

Publisher:
Sciencia Scripts
is a trademark of
Dodo Books Indian Ocean Ltd. and OmniScriptum S.R.L publishing group

120 High Road, East Finchley, London, N2 9ED, United Kingdom
Str. Armeneasca 28/1, office 1, Chisinau MD-2012, Republic of Moldova, Europe
Managing Directors: Ieva Konstantinova, Victoria Ursu
info@omniscriptum.com

Printed at: see last page
ISBN: 978-620-8-62605-1

Índice

1 Introdução

No mundo real, os meios de comunicação social desempenham um papel importante nos nossos gostos e desgostos, nas nossas semelhanças e diferenças, e até na forma como nos adaptamos a diferentes situações e experiências. No mundo da adaptação - mais concretamente das obras literárias ao cinema - as técnicas utilizadas nestes dois meios são muito diferentes, mas ao mesmo tempo bastante lógicas. Uma obra literária, como os romances e histórias escritas por Stephen King, utiliza a imaginação do leitor para abrir a sua mente a um mundo totalmente novo, para além de dispositivos literários como a aliteração, o prenúncio, a dicção e muitos outros. Um filme, por outro lado, apela à imaginação do espetador, mas, mais importante, utiliza as técnicas cinematográficas de cenografia, figurino e cinematografia para se concentrar em personagens, momentos e acções específicos de um enredo. Um enredo é diferente de uma história, na medida em que pode contar uma história em qualquer ordem, estilo ou conceção possíveis.

Para a minha tese, o estudo da adaptação levou-me à ideia de que as técnicas cinematográficas afectam a forma como uma adaptação é transmitida ao público. O meu interesse por Stephen King como autor levou-me a constatar que mais de metade das suas obras literárias foram adaptadas a um meio visual. O romance *Carrie* e o conto Children of the Corn foram adaptados a filmes, *Carrie* em 1976 e *Children of the Corn* em 1984. Cada um destes filmes conta uma história sobre "crianças assustadoras" - uma jovem dotada de telecinesia e uma cidade de crianças assassinas. Depois de pesquisar a adaptação, penso que não se trata de ser fiel ao texto original, mas de trabalhar com diferentes meios de comunicação e utilizar eficazmente as técnicas e os dispositivos específicos desses meios.

Nos filmes *Carrie* e *Children of the Corn,* há muitos exemplos de utilização de técnicas cinematográficas e algumas tentativas de as utilizar, bem como muitos momentos em que há uma clara diferença entre a obra literária e a sua adaptação cinematográfica. Quando *Carrie* foi lançado, a maior parte do público ficou atónito com a complexidade do filme, ao passo que, oito anos depois, *Children of the Corn* não recebeu tantos elogios como adaptação. A minha tese é que é o uso extensivo e o uso ineficaz de técnicas cinematográficas que influenciam a forma como as adaptações são vividas. O desenvolvimento das personagens, os grandes planos, os ângulos de câmara e a iluminação afectaram estas adaptações de King de diferentes formas.

A minha ideia de adaptação estende-se da obra literária ao filme; está ligada à forma como vivemos em sociedade, porque a adaptação afecta a nossa vida quotidiana. Pensem em tudo o que aprendemos - com as pessoas que nos rodeiam, com a literatura, com o cinema, com a música, com a educação, com os meios de comunicação social - e pensem na quantidade de informação que absorvemos ao longo das nossas vidas. Não tivemos todos de nos adaptar a novos estilos de vida, a novas situações e a novos ambientes? Graças às técnicas que aprendemos com a cultura que nos rodeia, adquirimos a capacidade de nos adaptarmos a diferentes ambientes. Sem o conhecimento destas técnicas de adaptação, a nossa vida seria muito diferente. Cada forma, cada meio, tem as suas próprias técnicas que lhe permitem adaptar-se.

Com *Carrie*, de Brian De Palma, e *Children of the Corn*, de Fritz Kiersch, as utilizações bem e mal sucedidas das técnicas cinematográficas são mostradas através do desenvolvimento das personagens, dos grandes planos, dos ângulos de câmara e da iluminação. A forma como a utilização destas técnicas específicas afecta a adaptação como um todo, mostrando ao público o que gosta e o que não gosta no mundo e como nos podemos adaptar à nossa sociedade real, é o aspeto mais valioso da adaptação.

2 Revisão da literatura

A adaptação pode ser uma questão incrivelmente complicada no mundo do cinema.

Alguns críticos acham que não funciona e não deve funcionar, enquanto outros acham que pode funcionar com o realizador, a cinematografia e a tecnologia cinematográfica certos. Joan Mellen, autora de "Outfoxing Lawrence: Novella Into Film", diz: "Embora uma adaptação cinematográfica deva ser julgada pelos seus próprios méritos, como uma obra de arte por direito próprio, os críticos procuram invariavelmente o espírito, o tom e as nuances do original. Presumivelmente, a visão do mundo que rege o romance inspirou o cineasta, que então procurou expressar o seu imaginário nos termos do seu próprio meio" (17). Ao dizer isso, Mellen deixou claro que acreditava na adaptação. Como os filmes são um meio completamente diferente da literatura, o texto original será automaticamente alterado de alguma forma. Concordo com Mellen quando diz que é preciso aceitar os diferentes meios de comunicação e apreciar a versão do original pelo que ela realmente é: uma tomada visual.

Robert Stam, autor de "Beyond Fidelity: The Dialogics of Adaptation", também acredita que, devido à diferença de meios, as obras literárias e os filmes não podem ser idênticos, mas que isso é positivo. Afirma: "Uma variação do tema da fidelidade sugere que uma adaptação deve ser fiel não tanto ao texto de origem, mas antes à essência do meio" (546). Stam apresenta esta ideia por uma série de razões, uma das quais é o facto de cada meio ter a sua própria especificidade, decorrente dos seus materiais de expressão. Para ele, o romance tem apenas um, enquanto o filme tem pelo menos cinco, que incluem a imagem fotográfica em movimento, o som, a música, o ruído e os documentos escritos. A minha interpretação da adaptação é que, embora algumas adaptações possam não ser consideradas filmes de qualidade, há uma beleza em todas elas que permite a qualquer pessoa que tenha lido a obra literária experimentar visualmente as palavras. A complexidade e a dificuldade de criar uma adaptação é algo que deve ser admirado, e é isso que pretendo abordar na minha tese, combinando a adaptação com o uso de técnicas cinematográficas.

Leigh A. Ehlers, autora de "Carrie: Book and Film", fala sobre a adaptação do primeiro romance de Stephen King, *Carrie*, escrito em 1974 e transformado em filme em 1976. Diz ela: "Stephen King estava aparentemente consciente das tensões que frequentemente surgem entre um romance e um filme nele baseado. Quer a versão cinematográfica seja "fiel" à sua fonte ou radicalmente alterada no tom, "dourada" por assim dizer, um certo grau de tensão deve inevitavelmente ocorrer entre duas obras que partilham uma história comum" (32). Consequentemente, a visão de King sobre a adaptação é semelhante à de Mellen e Stam. O filme *Carrie* teve um êxito impressionante nas bilheteiras e recebeu muitos elogios, especialmente de King, que considerou que a adaptação da sua primeira obra literária publicada tinha sido muito bem feita.

No entanto, há sempre dois lados em cada história. Herman G. Weinberg, autor de "Novel into Film", é um dos críticos mais negativos da adaptação.

Afirma:

O facto é que quanto mais importante é a fonte literária, mais intratável ela é, mais resistente é à adaptação noutro meio, *em particular* o cinema - porque filmar significa fazer compromissos, porque o grande investimento envolvido requer um grande público para assegurar um retorno rentável do investimento, e porque a tarefa de encontrar um equivalente visual de um estilo literário (para não mencionar o seu conteúdo e as conotações desse conteúdo) é uma tarefa que só a algumas pessoas é dada (99).

Weinberg deixou clara a sua opinião de que a adaptação de uma obra literária a um filme nem sempre é bem sucedida, e acredita que os filmes são criados para obter ganhos financeiros e não propriamente para a arte. O facto de poder utilizar e explorar ambos os pontos de vista sobre a adaptação ajudou-me a compreender melhor e a explicar como a adaptação se aplica aos filmes *Carrie* e *Children of the Corn.* Não acho que seja suposto a adaptação seguir todas as linhas do texto original. Penso que é suposto moldar e contar a história num contexto, forma e meio diferentes. Quando se trata de adaptação, há muitas opiniões sobre se funciona ou não, ou seja, se é realmente fiel ao texto original. Na realidade, tudo depende do realizador, da sua experiência e da sua relação com o texto original.

Stephen King tem sido frequentemente mencionado nos domínios da literatura, da escrita de terror e da investigação sobre adaptações. As suas obras literárias populares e o seu estilo de escrita único, que não só cativa os leitores como os assusta para além do imaginável, têm atraído a atenção de críticos, leitores e outros escritores. No artigo intitulado "The Literary Equivalent of Big

Mac and French Fries? Academics, Moralists, and the Stephen King Phenomenon", o autor Greg Smith discute a ideia de que as pessoas não vêem "King como uma figura literária legítima". Parece acreditar que uma das razões para isso é o facto de a maioria dos filmes feitos a partir das suas obras literárias terem sido "horríveis (levando aqueles que não leram a sua ficção a assumir que esta tem uma falta de qualidade semelhante)". Mais adiante, Smith discute a ligação entre King e as adaptações cinematográficas criadas a partir de

as suas obras literárias. Ele afirma:

Os primeiros dez anos de filmes associados ao nome King, de 1976 a 1986, resultaram em doze lançamentos teatrais e uma minissérie televisiva. Destes, quatro são geralmente considerados pela crítica como filmes de qualidade, todos realizados por realizadores que eram cineastas de renome na altura ou que se tornaram cineastas: *Carrie* (DePalma, 1976), *The Shining* (Kubrick, 1980), *The Dead Zone* (Cronenberg, 1983) e *Stand By Me* (Reiner, 1986). Entre 1986 e 1996, foram feitos vinte e um filmes baseados na obra de King, alguns fielmente adaptados, outros muito, muito vagamente. *Destes*, apenas dois filmes (ambos adaptações fiéis) foram aclamados pela crítica: *Misery* (1990), de Rob Reiner, e *The Shawshank Redemption* (1994), de Frank Darabont. (334)

Smith tem um argumento válido. Devido às adaptações feitas a partir das obras literárias de King, as pessoas podem optar por não o levar a sério. A popularidade de King como autor nunca diminuiu, mas as adaptações cinematográficas não surpreenderam muita gente. De facto, pode dizer-se que a maioria do público nem sequer sabe se um determinado filme foi adaptado de uma obra literária. Por exemplo, *Stand By Me* e *The Shawshank Redemption* não causaram grande impressão.

"Stephen King". No entanto, este artigo também destaca a falta de tecnologia até ao final dos anos 80, que teve um impacto significativo na primeira década e meia destas adaptações de King.

Num livro biográfico sobre Stephen King intitulado *The Stephen King Illustrated Companion*, de Bev Vincent, o primeiro capítulo intitulado "The Early Years" conta a história da infância de King. Explica como cresceu, a sua vida familiar e o que o inspirou a tornar-se escritor, em particular o que o atraiu, a ele e ao seu talento único, para o horror. O capítulo aborda o seu primeiro romance, *Carrie*, e diz: "Terminou o manuscrito, mas acreditava tão pouco nele e estava tão desanimado com os seus fracassos" (27). Conhecer a vida pessoal de King e o que o levou a escrever aquela que é talvez a obra literária mais importante da sua carreira abriu-me os olhos para a sua vida e para os factores que o motivaram, e ajudou-me a compreender os seus sentimentos e a montanha-russa emocional por que passou enquanto escrevia - particularmente enquanto escrevia *Carrie*.

Para combinar e correlacionar a adaptação, Stephen King e as técnicas cinematográficas, temos de recuar ao século XIX, quando o zoétropo mudou a forma como vivemos as histórias em 1834. No final do século XIX, as fotografias de cavalos de corrida de Edward Muybridge, o estúdio Black Maria e o cinetoscópio de Thomas Edison, e a invenção da projeção cinematográfica pelos irmãos Lumière trouxeram-nos o filme de George Melies "Uma Viagem à Lua", de 1902, que apresentou a primeira transição cinematográfica: o cross-fade. O filme durava apenas 11 minutos. À medida que a tecnologia cinematográfica avançava e desenvolvia as nossas mentes, foram introduzidas a cor, o som, a edição mais rápida e muito mais - foram inventadas as imagens geradas por computador (CGI) e o CAPS (Computer Animation Production System). Atualmente, temos filmes com explosões maciças, animações incrivelmente realistas e uma montagem tão rápida que o público de hoje se aborrece ao ver filmes feitos há apenas dez anos. No entanto, os filmes mantiveram-se relativamente iguais - tinham um enredo, personagens, direção, iluminação, uma espécie de impulso psicológico e muitas outras coisas para fazer um filme potencialmente bem sucedido. *Segundo o* livro *Looking At Movies* de Richard Barsam e Dave Monahan, existem quatro abordagens principais para estudar a história do cinema: estética, tecnológica, económica e social. Para a minha tese, estou a centrar-me numa combinação das abordagens estética e tecnológica. A abordagem estética "procura avaliar filmes e/ou realizadores individuais utilizando critérios que avaliam o seu significado e influência artísticos", enquanto a abordagem tecnológica nos mostra "como a produção destes filmes mudou, e pode também avaliar se esta mudança foi significativa ou transitória".

No artigo "What the Film Archive Can Tell Us About Technology in the Post-Digital Era", o autor Michael Punt explica que os primórdios do cinema foram um período muito intenso, cheio de trabalho e invenção, e que atualmente ainda estamos a desenvolver o nosso conhecimento sobre a tecnologia cinematográfica. Punt acredita que a maior parte da tecnologia cinematográfica é baseada na nossa própria imaginação. À medida que a tecnologia cinematográfica avançava, os inventores imaginavam imagens colocadas num ecrã através de uma lente e som proveniente das imagens para ser ouvido por um público, e voilá, estava inventado. Acho este comentário interessante porque parece verdadeiro. Tudo o que pensámos que podíamos ver num ecrã, inventámos uma forma de o fazer. Ao longo do tempo, os cineastas encontraram formas incríveis de projetar a sua imaginação e ideias no grande ecrã.

Os avanços na tecnologia cinematográfica têm desempenhado um papel importante na forma como as adaptações são vistas e interpretadas; no entanto, para a minha tese, centrar-me-ei principalmente nas técnicas cinematográficas criadas e utilizadas como parte do processo de avanços na tecnologia cinematográfica. Por exemplo, em *Carrie*, a personagem principal, Carrie, olha intensa e mortalmente para o carro que se dirige a ela com o objetivo de o atropelar, fazendo-o guinar à sua volta, embater e arder, matando o homem e a mulher que se encontram no seu interior. Se esta cena tivesse sido criada hoje, teria sido feita de forma muito diferente - de facto, parece mais realista no remake de 2013 de *Carrie*. A explosão e o incêndio do carro parecem mais realistas graças aos avanços técnicos e tecnológicos na edição de filmes. Ao utilizar estas técnicas de uma forma muito precisa e elegante, o realizador *de Carrie*, Brian DePalma, criou um dos filmes de terror mais famosos de todos os tempos. Apenas oito anos mais tarde, o realizador Fritz Kiersch, de *Children of the Corn,* poderia ter querido tornar o seu filme mais intenso e perturbador, utilizando as mesmas técnicas ou técnicas diferentes.

Para efeitos da minha tese, não vou discutir a popularidade de Stephen King como autor ou como alguém cujas obras foram adaptadas ao cinema. Pretendo centrar-me na importância e no efeito das técnicas cinematográficas e dos avanços tecnológicos e na forma como isso alterou a opinião e a perceção destas duas adaptações de Stephen King. Apesar de *Carrie*, de DePalma, ter sido realizado em 1976, foi muito bem recebido na altura. Apesar dos oito anos que separam *Carrie* de *Children of the Corn,* os efeitos visuais dos filmes são muito diferentes, mas a popularidade de *Carrie* é inegável. Poder-se-ia pensar que com oito anos de experiência em técnicas cinematográficas e avanços tecnológicos, *Children of the Corn* superaria *Carrie*, mas devido à falta de eficácia das técnicas cinematográficas utilizadas por Kiersch, o filme sofreu e a adaptação foi considerada "infiel", entrando na categoria de razões para discordar da adaptação. Assim, a época, as técnicas cinematográficas e as possibilidades de adaptação contribuem para criar uma adaptação que é infamemente chocante e intensa, mas também maravilhosamente memorável.

Talvez seja difícil ligar estes três aspectos no mundo do cinema, mas parece-me que eles estão ligados desde 1976, quando o filme *Carrie* foi lançado, quando os leitores e fãs de Stephen King já estavam em suspense, à espera da sua próxima obra literária e talvez até da próxima adaptação cinematográfica. Penso que as técnicas cinematográficas e os avanços tecnológicos desempenharam um papel importante na fidelidade destas adaptações. A utilização eficaz das técnicas cinematográficas em *Carrie* teria tido um maior impacto no mundo do cinema se tivessem sido utilizadas com precisão e eficácia na altura de *Children of the Corn.* Embora algumas das técnicas cinematográficas encontradas em *Carrie* estejam certamente presentes em *Children of the Corn,* é a utilização dessas técnicas que afecta o conceito de adaptação das obras literárias de Stephen King.

3 Método

Para abordar esta questão de tese, tenciono utilizar um método semelhante ao de Walter C. Metz, o autor de "With Eyes Upside Down, Can We Still Read?". Metz decidiu dividir o seu artigo em cinco secções diferentes que se referem a partes específicas da adaptação que ele considera mais relevantes. Decidi seguir o método de Metz, dividindo a minha tese em três secções. Na primeira secção, defini adaptação e discuti as conotações positivas e negativas que se aplicam à teoria, incluindo as opiniões dos críticos sobre as adaptações de King. Discuti Stephen King como um autor famoso, bem como as obras literárias que escolhi. A razão pela qual escolhi *Carrie* e "Children of the Corn" é que as suas adaptações representam um período de oito anos em que pouco mudou no mundo das técnicas cinematográficas, enquanto a versão cinematográfica de "Children of the Corn" parece mais um passo atrás. Optei por analisar dois filmes da mesma época que não têm as vantagens dos efeitos especiais ou outros avanços tecnológicos actuais. *Carrie* não foi apenas o primeiro romance publicado por King, mas também a sua primeira adaptação cinematográfica, e "Children of the Corn" também aborda o tema das crianças possuídas.

A segunda secção é uma análise completa das duas adaptações. Nesta secção, utilizei as técnicas cinematográficas escolhidas para dividir esta secção. Começo pelo desenvolvimento das personagens e passo gradualmente para os grandes planos, os ângulos de câmara e a iluminação. Os dois filmes são discutidos em cada divisão da secção. Li a obra literária e depois vi o filme para compreender melhor as semelhanças e diferenças entre os dois meios. Tanto em *Carrie* como em *Children of the Corn,* o desenvolvimento das personagens, os grandes planos, os ângulos de câmara e a iluminação desempenham um papel importante nos filmes. Ao estudar as utilizações específicas destas técnicas, poderei explicar exatamente como *Children of the Corn* não utiliza as técnicas cinematográficas de forma eficaz ou com todas as suas vantagens.

A secção sobre o desenvolvimento das personagens centra-se nas personagens que usufruem dos benefícios das técnicas cinematográficas ao longo do filme. A secção sobre grandes planos explica o que significa realmente para uma personagem ser filmada neste estilo e porque é importante para essa personagem em particular receber esta atenção de forma consistente ao longo do filme. A secção sobre ângulos de câmara aborda o plano de baixo ângulo e o plano de alto ângulo e explica como estes dois planos de câmara não só contribuem para o desenvolvimento das personagens, mas também demonstram a eficácia destas técnicas na representação de situações de tensão e de situações que envolvem diferentes perspectivas. A secção sobre iluminação aborda a importância de uma iluminação discreta num filme de terror e a forma como a não utilização de uma iluminação eficaz e adequada a situações específicas pode afetar a apresentação geral do filme.

A última secção conclui a tese estabelecendo uma ligação entre estas técnicas cinematográficas e o nosso mundo real e a forma como aplicamos estas

técnicas na nossa vida quotidiana. Por definição, segundo o dicionário Webster, adaptar significa "tornar
(algo) adequado a um novo uso ou objetivo; modificar" e "adaptar a novas condições". Além disso, "adaptar" tem uma terceira definição ligada especificamente ao tema da minha tese: "depois de (um texto) adaptá-lo para filmar, transmitir ou encenar". As duas primeiras definições parecem muito amplas e talvez não estejam relacionadas com a terceira. No entanto, defendo aqui que a terceira definição é, de facto, a razão pela qual é tão importante reconhecer que a adaptação de um texto ao cinema ensina ao público a importância de se adaptar ao seu ambiente, seja ele físico ou mental.

4 Análise

Carrie, a primeira adaptação cinematográfica de uma obra literária de Stephen King, foi realizada por Brian De Palma. A história é sobre uma estudante marginalizada, dotada de telecinesia, que se vinga da cidade usando os seus poderes únicos após uma experiência traumática no baile de finalistas. A telecinesia é definida como a capacidade de mover outras pessoas e/ou objectos com a mente, sem usar o próprio corpo. O enredo, criado por De Palma com a ajuda do argumentista Lawrence D. Cohen, segue a mesma história básica do romance de King, mas com algumas alterações e omissões. Os poderes de Carrie causam danos irreparáveis à escola, à cidade, às pessoas e à vida que ela levava, mas o que a leva a essa raiva inabalável e devastadora é o medo da própria mãe, que acredita que os poderes de Carrie são, na verdade, uma possessão pelo demónio.

Em 1984, uma das histórias mais arrepiantes de Stephen King ganhou vida no grande ecrã: "Children of the Corn". Este conto de 28 páginas foi adaptado a um filme de 92 minutos pelo realizador Fritz Kiersch, e foi considerado uma péssima interpretação da história pela crítica e pelo público de todo o mundo. Em apenas 28 páginas, Stephen King conta a história de um casal de jovens adultos, Burt e Vicky, que se encontra numa pequena cidade povoada por crianças assassinas. Estas "crianças do milho" mataram todos os adultos da cidade e todos os que tentaram impedir o seu crescimento. Numa outra visão negativa da religião, King pede às crianças que chamem a Deus "Aquele que anda atrás das linhas", o que pode ser interpretado de duas maneiras: as linhas da igreja ou as linhas do milho. A versão cinematográfica do conto de King tem muitas diferenças, tanto em termos de narrativa como de técnica, e esta é uma das razões pelas quais o filme foi descrito como "horrível" por muitos críticos de cinema na altura do seu lançamento.

Desenvolvimento do carácter

Para explicar cabalmente as técnicas cinematográficas utilizadas eficazmente em *Carrie* durante a adaptação cinematográfica, tenho de começar por explicar brevemente a história que Stephen King criou, em particular as personagens principais. Estas personagens são retratadas através de técnicas cinematográficas diferentes e distintas, como a iluminação e os ângulos de câmara, para realçar as suas personalidades e a sua influência na personagem principal, Carrie White. Carrie, filha de Margaret White, é uma rapariga da escola que é constantemente atormentada e criticada, principalmente devido à sua falta de estilo e de competências sociais, ao seu silêncio constante e à sua mãe bizarra e abertamente religiosa.

Chris é, supostamente, a rapariga mais popular da escola, juntamente com a sua melhor amiga Norma. Chris namora atualmente com Billy, o desobediente preguiçoso. Sue faz parte do círculo de popularidade de Chris, mas, desde o início do romance e do filme, parece desiludida com a forma como Chris e os seus amigos tratam Carrie, apesar de ela estar envolvida. Atualmente, namora com Tommy, sem dúvida o rapaz mais popular da escola devido aos seus dotes futebolísticos e à sua boa aparência.

De acordo com o artigo de Alison M Kelly, "The Queen Bee, the Prom Queen, and the Girl Next Door: Teen Hierarchical Structures in Carrie", "a hierarquia feminina em *Carrie* é imediatamente estabelecida na cena de abertura: o jogo de voleibol da escola primária" (13). Isto pode ser visto no aborrecimento de todos quando Carrie falha o voleibol e, especialmente, na raiva excessiva de Chris e Norma e no desgosto pela presença de Carrie em geral. Logo após ser ridicularizada pela sua falta de habilidade no voleibol, ocorre a famosa "cena do chuveiro", quando Carrie experimenta o seu primeiro ciclo menstrual e pensa que está a sangrar até à morte. Chris, Norma, Sue e muitas das outras raparigas, incluindo Miss Collins, a professora de Educação Física, riem-se do pânico de Carrie. O artigo de Kelly apresenta um quadro que "define as seis principais personagens adolescentes de *Carrie* de acordo com os critérios de Rosalind Wiseman no seu estudo inovador de 2002 sobre adolescentes e poder" (12). Aplicando *Carrie* ao estudo de Wiseman, Chris é a abelha-rainha, Norma é a ajudante, Sue é a espetadora desfeita, Carrie é o alvo, Tommy é o líder e Billy é o mauzão/bandido. Os papéis de Tommy e Billy não são revelados no filme até que o público tenha uma melhor compreensão da vida familiar de Carrie. A mãe acredita que Carrie é má porque começou o seu ciclo menstrual e tranca-a no armário durante horas. A influência da mãe de Chris e Carrie, Margaret, é certamente algo a ter em conta quando se trata de técnicas cinematográficas, uma vez que foram estas técnicas que ajudaram a retratar as suas personagens.

De acordo com o capítulo 4 de *Looking At Movies*, intitulado "Elementos da Narrativa", as personagens são um "elemento essencial" de todos os filmes. Afirma: "Quando deduzimos uma história a partir de um enredo, usamos a nossa imaginação para expandir a nossa perceção não só do que aconteceu, mas também das personalidades no mundo dessa história" (Barsam 134). A secção "Personagens" do capítulo continua a exprimir diferentes tipos de personagens, e é evidente que tanto Chris como Margaret são personagens principais, independentemente do que os outros possam pensar. Naturalmente, o público compreende que Carrie é a protagonista, a personagem principal - a história é dela. Mas Chris e Margaret desempenham um papel tão importante na história e no enredo e, em última análise, no destino da cidade, que têm de ser vistos como personagens principais.

Em termos de desenvolvimento de personagens em *Filhos do Milho,* as personagens indiscutivelmente mais maléficas, Isaac e Malachi, competem pelo poder no filme, mas os leitores não o fazem na novela. De facto, nenhuma das crianças é desenvolvida no romance. Esta diferença esclarece a adaptação, porque num filme, a falta de desenvolvimento das personagens leva a um sentimento de indiferença em relação ao enredo do filme. Por outro lado, numa obra literária tão curta, a falta de desenvolvimento das personagens cria um sentimento de medo do desconhecido. O medo do desconhecido advém do facto de Burt, o narrador da obra literária, ser incapaz de compreender a ideia de crianças assassinas, e este sentimento prende-se ao leitor. Infelizmente, este sentimento não está tão bem representado no filme como na história, levando o espetador a desligar-se do medo do enredo e a procurar constantemente alguém com quem se identificar.

A ânsia de poder e de controlo de Malaquias leva-o a reunir as outras crianças e a atacar Isaac. No entanto, devido aos poderes de Isaac e à sua obsessão pelo diabo, este fica possuído pelo diabo e o filme termina com o público a conhecer o ponto de vista do próprio diabo. Como a história é muito curta, o realizador foi obrigado a inventar outras reviravoltas para conseguir cumprir os 90 minutos habituais e desejados para uma longa-metragem. No entanto, apesar do desenvolvimento das personagens de Isaac e Malachi, da morte inexistente da personagem feminina principal, Vicky, e das crianças "boas" que ajudam Burt e Vicky a incendiar o milheiral e a matar o diabo que lá está, o filme não teve um bom desempenho nas bilheteiras. Isto deveu-se, em parte, ao facto de o público não encontrar ninguém com quem se identificar no filme, uma vez que nem Burt parecia assustado com as crianças assassinas e o seu jogo tratava a cidade como uma piada. De facto, o público identifica-se mais com as duas crianças boas que ajudam os jovens adultos a fugir e a destruir a cidade, e a identificação com as crianças é invulgar na maioria dos filmes. Outra razão para isso é a falta de uso de técnicas cinematográficas para enfatizar o medo de crianças assassinas. A história está lá, mas a adaptação em si não a conta bem.

O grande plano

É importante reconhecer o uso do close-up em *Carrie* e *Children of the Corn*, porque o mais importante sobre o uso desta técnica cinematográfica única é que ela deve ser usada de forma consistente para a personagem que a recebe. Por exemplo, a própria Carrie é frequentemente objeto de um grande plano, não só porque é a personagem principal de , mas também porque é a personagem que o público mais precisa de compreender. Ela é a vítima e a personagem maltratada pela qual a maioria dos espectadores sente pena ao longo do filme. Diria mesmo que o uso constante do grande plano de Carrie se deve ao facto de o público não a compreender realmente, o que nos leva a olhar para ela mais de perto e mais profundamente. O grande plano é muito importante, sobretudo para transmitir a personalidade de uma personagem e a forma como esta afecta o protagonista e, no caso destes filmes em particular, a forma como afecta as vítimas. Os grandes planos de Chris, a típica "abelha rainha", são das técnicas mais utilizadas no filme.

De acordo com Looking At Movies, "o verdadeiro grande plano isola um ator, focando o seu rosto; pode ser ativo (comentando algo que acabou de ser dito e feito, lembrando-nos quem está no centro da cena) ou passivo (revelando a beleza de um ator)" (Barsam 306). No grande plano de Chris mostrado acima, o grande plano é ativo - ela está irritada por Carrie lhe ter valido uma semana de castigo, apesar de, na realidade, ter sido a sua atitude negativa e o seu comportamento mau para com Carrie que lhe valeram o castigo. No entanto, também se pode argumentar que este grande plano é passivo, uma vez que mostra ao público a beleza de Chris e, em última análise, a sua superioridade em relação a Carrie no liceu.

Os planos, a proximidade e os ângulos de câmara mais interessantes situam-se no final do filme, durante a noite do baile e depois. Isto deve-se provavelmente ao facto de serem necessárias cenas mais gráficas devido à intensidade da noite do baile. Na noite do baile de finalistas, o plano maléfico de Chris está sobre as cabeças de Carrie e Tommy, que são coroados rainha e rei do baile. Enquanto eles são coroados, um balde de sangue de porco cai na cabeça de Carrie, cobrindo-a completamente com uma camada de vermelho. Neste momento, os pensamentos de Carrie começam a acelerar e a sua telecinesia entra em ação, fechando todas as portas da escola, barricando completamente todos os alunos e professores sob a ira de Carrie, dando ao uso da técnica do filme a oportunidade de entrar em ação também.

Como já foi referido, um exemplo de um grande plano interessante de Carrie no final do filme é o de Billy a conduzir a toda a velocidade, numa tentativa de a atingir por trás, enquanto ela se afasta assustadoramente da destruição ardente do baile de finalistas atrás de si. Pouco antes de a atingir, quando a câmara se coloca no seu ponto de vista, é feito um grande plano da cara ensanguentada de Carrie e do seu olho arregalado. O carro é atirado para a esquerda de Carrie, inclinando-se continuamente e explodindo numa morte ardente para Chris e Billy. Não só é uma excelente utilização da técnica do grande plano, como também é uma forma de incutir medo no público. Ao longo do filme, vimos Carrie em grande plano, com o cabelo sobre os olhos e o seu sorriso tímido. Ver a sua confiança vingativa enquanto está coberta de sangue é uma imagem que o público não será capaz de compreender na escuridão das suas mentes.

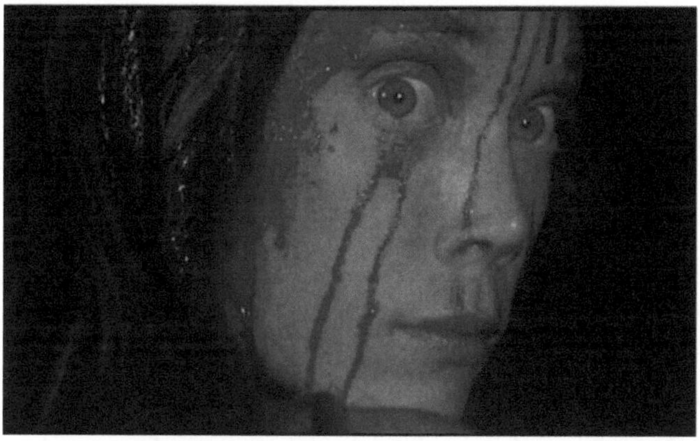

Allison M. Kelly afirma:

Carrie provoca o caos no seu mundo. Enquanto no romance de King é toda a cidade de Chamberlain, De Palma limita a destruição de Carrie àqueles que representam o *seu* mundo: os seus colegas de turma e a sua mãe. A maior parte da turma de finalistas morre na água e no fogo de proporções bíblicas, e Carrie reserva castigos "especiais" para aqueles que mais a afectaram: Chris, Billy, a mãe e Sue (22).

Kelly levanta uma questão interessante: enquanto o romance se centra na destruição de toda a cidade, o filme centra-se apenas nas personagens que o espetador conhece e começa a amar ou a odiar. No cinema, é provavelmente muito mais importante sentirmo-nos ligados às personagens porque, quer sobrevivam ou morram, sabemos que estamos a torcer por elas ou a esperar que a Carrie lhes faça a vida negra. Numa obra literária, é sempre necessário sentir essa ligação com as personagens, mas, como não as vemos fisicamente, Carrie devasta toda a cidade e é muito mais assustadora do que apenas o liceu, o que penso ser o objetivo de King.

O problema com o uso do close-up em *Children of the Corn* é que ele não é consistente. Isaac e Malachi são os líderes da cidade, mas Isaac é o cérebro por detrás de tudo. No início do filme, Isaac tem um único grande plano para mostrar ao público que ele é o cérebro, mas não volta a ter esse tipo de plano.

A consistência da sensação de que Isaac é um poder superior perde-se ao longo do filme porque ele nunca é filmado como tal com frequência suficiente - parece sempre um dos outros miúdos. Em comparação com o grande plano de Chris em *Carrie*, um grande plano real mostraria apenas o rosto da personagem, enquanto o plano de Isaac acima inclui tanto o primeiro plano como o fundo da área. Este facto pode ser confuso para o público que pode não compreender ou apreciar o facto de Isaac ser mau e de uma criança tão pequena poder liderar um exército de crianças assassinas.

Em resumo, diria que a utilização do grande plano serve para mostrar a importância de uma personagem e a sua influência na história ou no enredo. Em *Carrie*, a própria Carrie e Chris são vistos em grande plano para mostrar a sua importância para o enredo, mas, mais especificamente, a sua influência um sobre o outro. Carrie é vista como fraca e tímida até ao final, quando é objeto de um grande plano acelerado. Chris é visto como dominante ao longo de todo o filme, por isso, quando Carrie recebe o mesmo tipo de close-up no final, o espetador entende que Carrie finalmente derrotou a "Abelha Rainha". O único grande plano de Isaac tinha como objetivo provar ao público que ele é o líder, que deve ser temido, mas foi um fracasso. Em primeiro lugar, por definição, não houve close-up - na minha opinião, houve uma tentativa. Em segundo lugar, não foi usado de forma consistente para enquadrar Isaac, o que acabou por fazer com que o público perdesse o ponto de vista da personagem como a criança "mais má" do milho. A utilização de planos de câmara específicos, como o uso consistente do grande plano, ajudaria a demonstrar isto.

Ângulos de câmara

A diferença entre a utilização de ângulos de câmara em *Carrie* e *Children of the Corn* não é necessariamente o facto de um dos filmes utilizar melhor determinados planos de câmara, mas sim o facto de um dos filmes não os utilizar o suficiente para continuar a sublinhar o interesse da utilização de um ângulo específico. De acordo com o capítulo 6 de *Looking At Movies,* intitulado "Cinematography:

> Porque o nosso primeiro impulso como espectadores é identificarmo-nos com o ponto de vista da câmara, e porque é provável que interpretemos qualquer desvio de um plano ao nível dos olhos como algo diferente, os realizadores devem ter um cuidado especial em utilizar os outros ângulos básicos da câmara - ângulo alto, ângulo baixo, ângulo holandês e vista aérea - de uma forma que seja apropriada e coerente com a narrativa do filme. (Barsam 242)

Chris é normalmente mostrado a dominar Carrie. Este sentimento e imagens são criados através da utilização do ângulo da câmara. Para dar ao público a sensação de que Chris está a "controlar a escola" e a atormentar constantemente Carrie, fazendo-a sentir-se mais pequena e insignificante, a câmara tem de colocar Chris acima de Carrie de alguma forma. A câmara está normalmente focada no rosto de Chris ou em grande plano, como vimos acima, quando ela está numa cena com Carrie. No entanto, o plano mais interessante e importante é o que aparece no final do filme com a mãe de Carrie, Margaret.

A repreensão de Margaret a Carrie é vista através do uso do plano de baixo ângulo ao longo do filme. *De acordo com Looking At Movies,* "um plano de ângulo baixo é tirado com a câmara por baixo da ação e normalmente coloca o espetador na posição de se sentir impotente na presença de uma força obviamente superior" (Barsam 243). No caso de *Carrie*, essa "força superior" é Margaret. A influência de Margaret é apresentada de forma um pouco diferente no filme do que no romance. Quando Carrie começa a acreditar que é telecinética, no romance ela guarda o facto para si própria e ninguém sabe do seu "problema" até que os acontecimentos do filme levam muitos investigadores, médicos e cientistas a investigar o que aconteceu. No filme, ela conta à mãe e recebe reacções muito negativas porque a mãe acredita que Carrie está de alguma forma possuída pelo diabo. As explicações de Carrie para as suas acções passadas são palavras vazias para Margaret.

A foto acima foi tirada no final do filme, quando Carrie regressa do baile de finalistas, tendo destruído tudo no seu caminho. Carrie já se acalmou e lavou o seu corpo coberto de sangue. Margaret pega em Carrie nos braços e esfaqueia-a literalmente nas costas. Carrie cai no chão e desce as escadas, e nós somos colocados no seu lugar, o de uma pessoa a rastejar para escapar ao homicídio. O público vê Margaret através dos olhos de Carrie e o medo que sentimos não é só por Carrie, é por nós. Este ângulo de câmara é muito semelhante ao utilizado na relação entre Chris e Carrie, mas é o medo subjacente de Margaret que guia o filme e o romance para a morte de Carrie e da mãe e para o fim do medo, fazendo desta cena uma das mais importantes utilizações da técnica em todo o filme.

Nos últimos 30 minutos de *Children of the Corn,* Malachi rebela-se contra Isaac, e o uso de ângulos de câmara tenta desempenhar um papel importante na representação do domínio de Malachi e da vulnerabilidade recém-descoberta de

Isaac. A certa altura da sua rebelião, Malachi empurra Isaac para o chão e ameaça matá-lo, e há uma tentativa falhada de filmar de cima. *De acordo com Looking At Movies,* "um plano alto é tirado com a câmara acima da ação e envolve tipicamente o sentido de superioridade do observador sobre o sujeito que está a ser fotografado" (Barsam 243).

Comparada com o plano de baixo ângulo de *Carrie*, esta cena em particular não tem o mesmo efeito de perspetiva. Esta tentativa de um plano de ângulo baixo não atingiu todo o seu potencial, uma vez que é, na verdade, um plano ao nível dos olhos, com o diretor de fotografia a tentar fazer Isaac parecer vulnerável. No entanto, se o diretor de fotografia tivesse usado o plano superior mais específico que dá ao público a oportunidade de se colocar no lugar de Malachi como uma "força superior" a Isaac, a cena teria sido muito mais eficaz. No entanto, para complicar esta teoria, o romance apresenta cada criança como tão assustadora como a seguinte, pelo que a utilização de planos de câmara significativos para representar o poder ou a falta de poder de uma personagem pode não ter sido a direção desta adaptação cinematográfica.

Em resumo, eu diria que a utilização do ângulo da câmara em ambos os filmes se destina a mostrar o poder ou a fraqueza de uma personagem. Em *Carrie,* somos colocados na perspetiva de Carrie quando vemos Margaret dominá-la com uma faca e, a certa altura, estamos mesmo na pele de Margaret quando vemos Carrie a rastejar pelo chão e a implorar à mãe que pare. Estes dois ângulos mostram duas coisas: a vulnerabilidade de Carrie e o poder de Margaret. Os sentimentos do público nesta altura são complicados, porque acabaram de ver Carrie destruir os seus amigos do liceu, mas quando ela chega a casa, calma e controlada, sentimos pena dela, especialmente quando a mãe a tenta assassinar, porque foi ela que finalmente empurrou Carrie para a depressão. *Children of the Corn* tenta fazer exatamente a mesma coisa - mostrar a vulnerabilidade de Isaac e o poder recém-descoberto de Malachi - mas com o uso do ângulo alto e do ângulo baixo, esta impressão teria sido retratada de forma muito mais eficaz. Em vez disso, o realizador optou por manter a câmara à distância e fazer com que o público veja o filme como se fosse uma das outras crianças.

Iluminação

A iluminação é um dos aspectos fundamentais de um filme por muitas razões. Pode literalmente iluminar uma atmosfera com o seu brilho ou permanecer nas sombras para enfatizar o medo e o desconhecido. Na maioria dos filmes de terror, a iluminação é fraca, especialmente durante as cenas mais horríveis. De acordo com o capítulo 6 de *Looking At Movies*, intitulado "Cinematografia", "Idealmente, a iluminação molda o aspeto do filme e ajuda a contar a história. Componente essencial da composição, a iluminação cria a nossa perceção do espaço cinematográfico, iluminando pessoas e objectos, criando reflexos e sombras e definindo formas e texturas" (Barsam 218-219). A iluminação desempenha um papel importante nos filmes porque dá ênfase a cenas, personagens e objectos específicos ao longo do filme. Em *Carrie*, a técnica de iluminação é bem utilizada. Em particular, o baile de finalistas começa sob uma luz intensa, com as luzes do ginásio a iluminarem Carrie, Tommy e todos os outros alunos finalistas que ansiavam por esta noite desde que entraram no liceu, uma noite que Carrie nunca sonhou viver.

Este plano é tirado poucos segundos antes de um balde de sangue de porco cair sobre Carrie e Tommy, depois de terem sido eleitos rainha e rei do baile de finalistas. A iluminação é particularmente intensa porque Carrie está radiante de alegria, mas também para enfatizar e intensificar com precisão a tragédia que está prestes a acontecer.

À medida que a noite avança e a partida maléfica de Chris e Billy tem lugar, a iluminação do baile diminui. De facto, é a própria Carrie que apaga todas as luzes, contribuindo para a essência do medo que o realizador queria retratar.

No início, Carrie fica em agonia quando se apercebe do que lhe aconteceu e os seus poderes telecinéticos manifestam-se lentamente, como se pode ver na imagem acima. Como podes ver, é um pouco mais escuro do que na primeira imagem, onde o coração de Carrie está cheio de luz. Eventualmente, a escuridão toma conta e o resto da iluminação torna-se no que a próxima imagem mostra:

A escuridão total rodeia a Carrie, mas há um toque de luz sobre ela. Penso que é para mostrar que a Carrie continua a ser a personagem principal e o acontecimento principal da noite, se quisermos - é como se ela quisesse que continuássemos a olhar para ela, que é uma sensação a que ela não está habituada.

Mesmo quando Carrie sai da escola em chamas, coberta de sangue vermelho brilhante da cabeça aos pés, ela mistura-se na escuridão, alheia à destruição em chamas atrás de si. Quando Carrie chega a casa, a noite está particularmente escura e as luzes dos candeeiros de rua explodem em pedaços quando Carrie se aproxima deles. É quase como se a luz não conseguisse resistir aos poderes telecinéticos de Carrie, sugerindo que a sua mãe pode ter tido sempre razão, e a possessão pelo demónio torna-se uma possibilidade para o público.

O filme "*Children of the Corn*" é significativamente alterado pela iluminação. Na novela de Stephen King, o drama principal do final do filme - o assassínio de Vicky - ocorre em poucos minutos, a meio da noite, e provoca um arrepio na espinha do protagonista masculino, Burt, quando este descobre finalmente o cadáver da sua mulher, recheado de palhas de milho e pendurado numa cruz no meio do milheiral. Na versão cinematográfica de Kiersch, por outro lado, a iluminação é muito clara e a maior parte das cenas são filmadas à luz do dia.

As crianças podem parecer assustadoras devido às suas acções, intenções e expressões, mas estão totalmente iluminadas e vestem roupas coloridas. O público consegue ver tudo, por isso o elemento de surpresa e medo não existe no filme, embora exista na história. No entanto, para complicar este argumento, os elementos de surpresa não ocorrem necessariamente quando se trata de adaptações, simplesmente porque a maioria dos espectadores leu a obra literária antes de ver a versão cinematográfica. Assim sendo, pode ser mais difícil realçar a surpresa e a ansiedade. Em todo o caso, com uma mudança na iluminação, *Children of the Corn* teria sido muito mais assustador, se não tivesse conseguido criar elementos de surpresa.

A iluminação escurece no final do filme, quando o diabo cria fendas nas linhas do milheiral para tentar impedir que Burt queime o milho e Isaac é possuído pelo diabo.

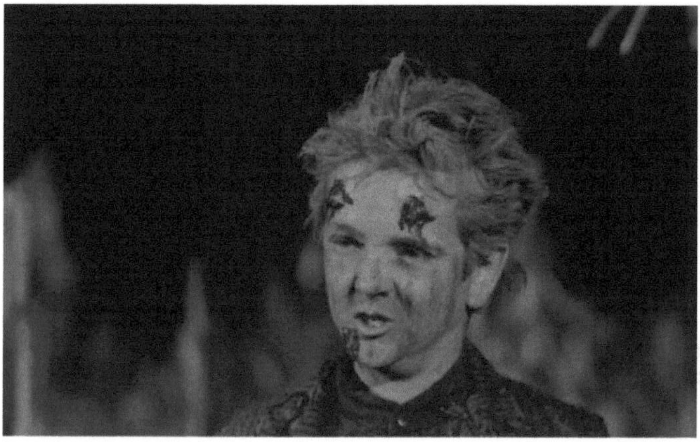

É uma das poucas vezes em que é noite e está escuro no exterior do filme. Eu diria que era importante que a possessão de Isaac ocorresse no escuro, mas, nesta altura do filme, o público não está convencido de que a personagem deva ser temida ou que "mereça" ser possuída, porque não foi retratada como tal através de técnicas cinematográficas consistentes.

Do ponto de vista do público, o medo destas crianças assustadoras não existe tanto como quando vemos os olhos arregalados e o corpo ensanguentado de Carrie a afundar-se silenciosamente na escuridão. Para complicar esta teoria do uso da iluminação, a história passa-se no meio de um campo de milho, que pode ser difícil de iluminar à noite, simplesmente devido à falta de eletricidade realista. Pode, portanto, argumentar-se que a direção da adaptação foi a de se basear fortemente nas brincadeiras das crianças para enfatizar os elementos do medo. Independentemente deste ponto válido, a história de King passa-se à noite e, embora o realizador tenha tido de encontrar uma forma de transformar esta história muito curta num filme de pelo menos 90 minutos, a iluminação cinematográfica desempenha um papel demasiado importante num filme de terror para ser ignorada.

Em suma, penso que a iluminação é a técnica cinematográfica mais importante a utilizar num filme de terror. É evidente que *Carrie* tirou partido disso ao longo do filme, com cenas tão simples como o facto de estar fechada num guarda-roupa escuro, a iluminação reduzida sempre que está na sua própria casa e, claro, a escuridão gradual quando os seus poderes telecinéticos se manifestam no baile de finalistas. *Children of the Corn* tentou usar a escuridão ao apresentar a possessão de Isaac pelo demónio no final do filme e, embora pense que foi intencional, também acredito que o uso constante da escuridão noutras cenas, bem como o uso constante de técnicas cinematográficas para mostrar e inferir a eventual possessão de Isaac, teria tornado o final sombrio muito mais assustador e apreciado.

5 Conclusão

As adaptações das obras literárias de Stephen King, *Carrie* e Children of the Corn, podem não ter recebido os mesmos elogios e podem não ter beneficiado dos mesmos avanços na tecnologia cinematográfica, mas todas elas têm uma coisa em comum: foram influenciadas pelo uso intensivo ou ineficaz de técnicas cinematográficas.

Carrie e *Children of the Corn* representam a sua época em termos de tecnologia cinematográfica, nomeadamente as décadas de 1970 e 1980. Atualmente, olhamos para estes filmes "antigos" e ficamos maravilhados com a ausência de tecnologia. Filmes posteriores, como as mais recentes adaptações de King, *The Shawshank Redemption* e *The Mist,* têm efeitos muito mais vívidos, realistas e únicos que não fazem o público estremecer com as tentativas de efeitos especiais que tendemos a ver nos filmes mais antigos. No entanto, em comparação, *Carrie* e *Children of the Corn* diferem em muitos aspectos no que diz respeito à utilização geral de técnicas cinematográficas, como o desenvolvimento de personagens, grandes planos, ângulos de câmara e iluminação.

Ao ver um dos filmes mais assustadores de todos os tempos, *O Exorcista*, de 1973, o público foi incapaz de lidar com a "realidade" do filme. Segundo o crítico de cinema Jay Cocks:

Para representar as permutações deste espírito maligno, o realizador Friedkin e o argumentista Blatty recorrem a choques baratos e a novidades grosseiras. Há pormenores macabros do encefalograma da rapariga em busca de uma origem física para os seus sintomas; há também cenas dos seus órgãos genitais mutilados com um crucifixo, vómitos copiosos, uma cacofonia de obscenidades e várias bestialidades. (1)

O público adoeceu violentamente, fugiu das salas de cinema e nunca mais viu o filme, simplesmente por causa do seu enredo aterrador e da maquilhagem nojenta e assustadora no rosto da criança possuída, que aparecia constantemente em grandes planos activos e passivos para garantir que o seu rosto ficasse gravado para sempre na mente dos espectadores. Curiosamente, os espectadores que descobrem este filme hoje em dia não o acham tão assustador. As técnicas e tecnologias cinematográficas simplesmente não existem e não estamos habituados à sua ausência. *O Exorcista* foi absolutamente revolucionário em comparação com outros filmes da década de 1970. No entanto, em comparação com os filmes de terror actuais, como *Saw*, *O Exorcismo de Emily Rose* e *Atividade Paranormal*, que utilizam amplamente as técnicas cinematográficas e tiram o máximo partido da tecnologia cinematográfica de que dispomos, os espectadores sentem-se perturbados pelo medo.

Ao longo da minha revisão da literatura, encontrei um grande número de fontes sobre adaptação. Mesmo depois de aplicar estas fontes às duas adaptações de Stephen King que escolhi, a minha opinião sobre a adaptação não se alterou. Penso que as obras literárias e os filmes requerem técnicas diferentes, simplesmente porque são meios completamente diferentes. Pode ser difícil para os filmes serem fiéis à obra literária, porque podem ser igualmente limitados em certos aspectos. Por exemplo, outra adaptação de King em que não optei por trabalhar foi a obra literária *The Body*, adaptada ao filme comovente *Stand By Me* em 1986. Perto do final da história, o personagem principal e narrador Gordie vê um veado a caminhar suavemente ao longo da linha do comboio. Na obra literária, King deixa claro que este é o momento de transição de Gordie da inocência para a maturidade. No entanto, devido à falta de palavras num ecrã de cinema, o realizador Rob Reiner teve de mostrar a transformação de Gordie de uma forma diferente. Assim, no final do livro, não é o seu camarada Chris que aponta a arma à cara do rufia e ameaça dar-lhe um tiro, mas sim Gordie. Reiner mostrou ao seu público a transformação e o amadurecimento de Gordie.

Seja qual for a minha opinião pessoal sobre a adaptação, assegurei-me de que ela não afecta realmente o tema da minha tese. Embora considere que a versão cinematográfica de *Filhos do Milho* não é uma adaptação inovadora da obra literária, e isso é algo que me frustrou durante a realização da minha tese, não deixei que isso afectasse a minha verdadeira questão. Na minha análise das duas adaptações, discuto a adaptação tanto positiva como negativamente, pois sem o tema constante da adaptação na minha tese, a ideia perder-se-ia.

Se continuasse a minha investigação, estudaria ainda mais o Estêvão.

King, para começar. Quando escolhi as obras literárias e os filmes a estudar, muitas pessoas queriam que eu analisasse *The Shining* (1980), *Stand By Me* (1986) e *Misery* (1990), mas decidi que isso iria contra o objetivo da minha dissertação, uma vez que não me estava a centrar na popularidade do filme. De facto, a escolha de um filme popular que utiliza eficazmente as técnicas cinematográficas e de um filme posterior que não era popular e não utiliza eficazmente as técnicas cinematográficas teve uma influência considerável na minha tese. A escolha de *Carrie* e *Children of the Corn* permitiu-me diferenciar os dois filmes e provar a importância da utilização eficaz das técnicas cinematográficas nos filmes.

A adaptação de obras escritas ao cinema sempre foi um dos meus interesses e paixões. Desenvolveu-se realmente durante um curso universitário que frequentei no meu segundo ano, intitulado "Cinema e Literatura". Neste curso, não só discutimos as técnicas cinematográficas e a importância de as utilizar eficazmente para contar uma história, como também falámos sobre avanços tecnológicos, períodos de tempo, fidelidade ou falta dela, e muito mais. Nessa altura, apercebi-me de que a adaptação não tem apenas a ver com o filme ou a história, mas também com o indivíduo que experimenta o meio. Quando se lê uma história, o ator principal para o autor é a imaginação do leitor - não pode ser medida e o autor não pode aceder a ela. Quando se vê um filme, o ator principal para o realizador é o envolvimento do espetador - outro aspeto que não pode ser medido ou acedido. Se utilizarmos as melhores e mais adequadas técnicas para esse meio específico, temos acesso à imaginação ou ao envolvimento do indivíduo.

Penso que é importante notar as semelhanças e as diferenças na utilização das técnicas cinematográficas devido às gerações anteriores e posteriores a nós. Para compreender por que razão as gerações actuais gostam de determinados filmes, temos de analisar as técnicas cinematográficas e a forma como ajudam a contar a história. As obras literárias têm técnicas diferentes das dos filmes e, em particular, o domínio de Margaret é retratado através das narrações de Carrie, enquanto no conto "Children of the Corn" a altercação entre Isaac e Malachi nunca acontece. No entanto, a fidelidade não é a questão que os leitores e os espectadores devem colocar a si próprios. Em vez disso, deveriam perguntar-se: "Como é que as técnicas cinematográficas afectam o filme que acabei de ver? A adaptação dá-nos a oportunidade de tomar consciência das diferentes técnicas a que os diferentes media têm acesso, convidando os leitores e os espectadores a imaginar o seu próprio mundo e as técnicas que podem aplicar ao seu.

Para desenvolver esta ideia, penso que a forma como nos adaptamos à nossa vida quotidiana tem as suas próprias técnicas. Por exemplo, o marido de uma mulher morre, deixando-a sozinha com três filhos para cuidar, entre muitos outros desafios que ela normalmente trabalharia em equipa com ele para ultrapassar. Devido à vida que leva e ao mundo em que vive, ela consegue adaptar-se à sua nova vida e ao seu novo mundo utilizando as técnicas que aprendeu ao longo da sua vida para ultrapassar desafios. A adaptação de uma história a um filme ou a uma série de televisão, e vice-versa, ensinou-nos que, com técnicas específicas e bem utilizadas, temos a capacidade de nos adaptar ao nosso ambiente atual, se e quando este mudar.

Com base em todas as pesquisas, fontes e observações que encontrei, é evidente para mim que, seja qual for o ano, o realizador ou a obra literária adaptada a um filme, é a utilização de técnicas cinematográficas que afecta todos os filmes que foram realizados.

Obras citadas

Barsam, Richard, e Dave Monahan. *Looking At Movies.* 3ª ed. Nova Iorque: W.W. Norton, 2010. Imprimir.

Browning, Mark. "Mind over Matter: Telekinesis. *Stephen King no grande ecrã.* Chicago: Intellect , The University of Chicago, 2009. 31-58. Impresso.

Browning, Mark. "The Great Escape: Prison Drama. *Stephen King no grande ecrã.* Chicago: Intellect , The University of Chicago, 2009. 147-170. Imprimir.

Carrie: edição especial. Realizado por Brian DePalma. Perf. Sissy Spacek, John Travolta e Piper Laurie. MGM, 1976 (2001). DVD.

Filhos do milho. Dir. Fritz Kiersch. Perf. Peter Horton e Linda Hamilton. Image Entertainment, 1984. DVD.

Cocks, Jay. "Beat the Devil. Rev. de *The Exorcist. Time* 14 de janeiro de 1974. *Pesquisa acadêmica completa.* Web. 7 de maio de 2012.

Ehlers, Leigh A. "Carrie: Book and Film". *Literature Film Quarterly* 9.1 (1981): 32-40. *Pesquisa acadêmica completa.* Web. 31 de outubro de 2011.

Kelly, Alison M. "The Queen Bee, the Prom Queen, and the Girl Next Door: Teen Hierarchical Structures in Carrie" [A Abelha Rainha, a Rainha do Baile e a Rapariga da Porta ao Lado: Estruturas Hierárquicas Adolescentes em Carrie]. *The Films of Stephen King: From Carrie to Secret Window [Os Filmes de Stephen King: De Carrie a Janela Secreta].* Nova Iorque: Palgrave Macmillan, 2008. 11-23. Versão para impressão.

King, Stephen. *Carrie.* Nova Iorque: Pocket, 1974. Impresso.

King, Stephen, Children of the Corn. *Night Shift.* Nova York: Signet, 1976. 250-78. Imprimir.

King, Stephen. *On Writing: A Memoir of the Craft [Sobre a Escrita: Uma Memória do Ofício].* Nova Iorque: Scribner, 2000. Impresso.

Magistrale, Tony, "Steve's Take: Uma entrevista com Stephen King". *Hollywood's Stephen King.* Nova Iorque: Palgrave Macmillan, 2003. 1-20. Imprimir.

The Lost Boys: Carrie, Firestarter, Stand By Me, Silver Bullet, Hearts In Atlantis". *Hollywood's Stephen King*. Nova Iorque: Palgrave Macmillan, 2003. 21-50. Impresso.

Mellen, Joan, "Outfoxing Lawrence: Novella Into Film". *Literature Film Quarterly* Winter 1973: 17-26. 1 de maio de 2011.

Metz, Walter C. "With Eyes Upside Down, Can We Still Read?" *Literature Film Quarterly* 39.3 (2011): 201-217. *Pesquisa académica completa*. Web. 30 out. 2011.

Punt, Michael. "What the Film Archive Can Tell Us About Technology in the Post-digital Era" [O que o arquivo de filmes pode dizer-nos sobre a tecnologia na era pós-digital]. *Design Issues* 21.2 (2005): 48-62. *Pesquisa académica completa*. Web. 20 Nov. 2011

Smith, Greg. "O equivalente literário de um Big Mac e batatas fritas? Academics, Moralists, and the Stephen King Phenomenon" [Académicos, moralistas e o fenómeno Stephen King]. *Midwest Quarterly* 43.4 (2002): 329-46. *Centro de Referência Literária*. Web. 20 Nov. 2011.

StephenKing.com : O sítio Web oficial. 2000. Web. 20 nov. 2011. <http://www.stephenking.com/index.html>.

Stam, Robert. "Beyond Fidelity: The Dialogics of Adaptation". *Critical Visions in Film Theory [Visões Críticas na Teoria do Cinema]*. Boston: Bedford/St. Martin's, 2011. 541-57. Imprimir.

Weinberg, Herman G. "Novel into Film". *Literature Film Quarterly* 1.2 (1973): 99103. *Pesquisa académica completa*. Web. 27 de outubro de 2011.

Vincent, Bev. "The Early Years. *The Stephen King Illustrated Companion*. Nova Iorque: Metro, 2009. 10-29. Impresso.

MIX
Papier aus verantwortungsvollen Quellen
Paper from responsible sources
FSC® C105338

Printed by Books on Demand GmbH, Norderstedt / Germany